Cocineros

Julie Murray

Abdo Kids Junior es una subdivisión de Abdo Kids
abdobooks.com

abdobooks.com

Published by Abdo Kids, a division of ABDO, P.O. Box 398166, Minneapolis, Minnesota 55439.
Copyright © 2023 by Abdo Consulting Group, Inc. International copyrights reserved in all countries.
No part of this book may be reproduced in any form without written permission from the publisher.
Abdo Kids Junior™ is a trademark and logo of Abdo Kids.

Printed in the United States of America, North Mankato, Minnesota.

052022

092022

THIS BOOK CONTAINS
RECYCLED MATERIALS

Spanish Translator: Maria Puchol

Photo Credits: Alamy, iStock, Shutterstock

Production Contributors: Teddy Borth, Jennie Forsberg, Grace Hansen

Design Contributors: Candice Keimig, Dorothy Toth

Library of Congress Control Number: 2021951558

Publisher's Cataloging-in-Publication Data

Names: Murray, Julie, author.

Title: Cocineros/ by Julie Murray.

Other title: Chefs. Spanish

Description: Minneapolis, Minnesota: Abdo Kids, 2023. | Series: Trabajos en mi comunidad

Identifiers: ISBN 9781098263218 (lib.bdg.) | ISBN 9781644948620 (pbk.) | ISBN 9781098263775
    (ebook)

Subjects: LCSH: Cooks--Juvenile literature. | Community life--Juvenile literature. | Occupations--Juvenile
    literature. | Cities and towns--Juvenile literature. | Spanish language materials--Juvenile literature.

Classification: DDC 641.5023--dc23

Contenido

Cocineros

Los cocineros trabajan en las cocinas. Ahí hacen muchas cosas.

5

Los cocineros trabajan en
muchos lugares diferentes.
Carl trabaja en un hotel.

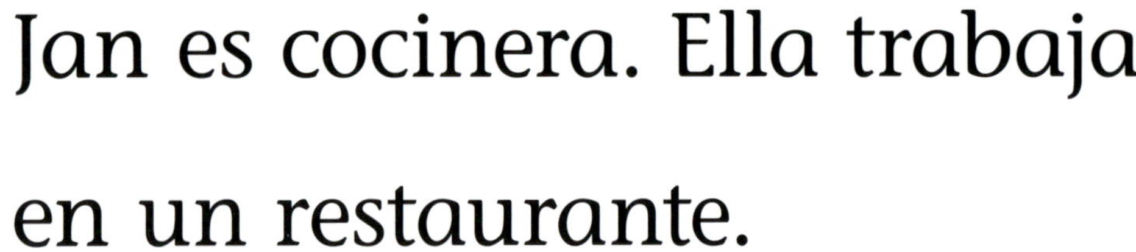

Jan es cocinera. Ella trabaja

en un restaurante.

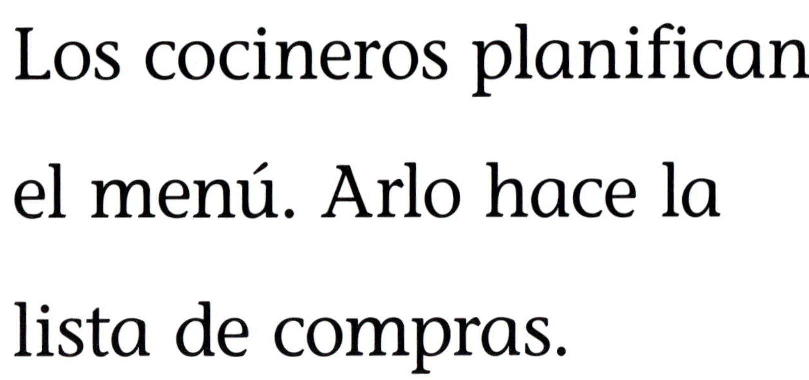

Los cocineros planifican el menú. Arlo hace la lista de compras.

11

Ellos **entrenan** al personal de cocina. Ellen ayuda a Dan.

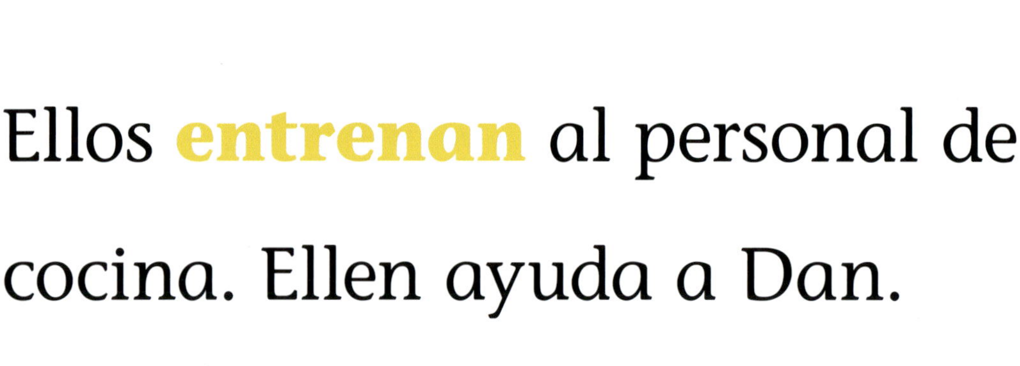

Los cocineros **preparan** los alimentos. Stan corta las zanahorias.

Ben es un *saucier*. ¡Él es el que **prepara** los caldos y los aderezos!

Los cocineros **preparan**
el menú. John usa un
sartén grande.

19

Ponen la comida en el plato.

¡Se ve deliciosa!

Los utensilios de cocina del cocinero

un cuchillo

una cocina comercial

los ingredientes

las ollas y los sartenes

Glosario

entrenar
enseñar destrezas.

preparar
hacer lo necesario para seguir con una actividad. En inglés se acorta a *prep*.

Índice